Brigitte Thurm

Unverhoffter Ausgang

AF208883

Brigitte Thurm studierte Musik und Theaterwissenschaft, war danach einige Jahre Verlagslektorin und Journalistin in Berlin, promovierte und habilitierte dann über Theater und Film.

Als Dozentin für Weltdramatik und Theatergeschichte an der Filmhochschule Babelsberg veröffentlichte sie Kritiken und Essays zu Theater, Film, Fernsehen. Daneben erschienen von ihr bei Hinstorff die Novelle „Verena" sowie der Roman „Verlangen". Dieser unter verändertem Titel auch bei Scherz und Bastei Lübbe.

Schon in ihrem Bändchen „Mildernde Umstände" präsentierte Brigitte Thurm ironisch zugespitzt „mündige Verse zum Tag, zur Zeit und zur Liebe".

Das nächste Bändchen, „Bis dir aufgeht: dieser Mensch bist du." setzte die Reihe der von ihr so genannten *Gebrauchsgedichte* mit neuen Texten fort. Sie sind der Welt und dem Menschen von heute auf den Leib geschrieben.

Ihr besonderer Ton, die reimend gewonnene Klarsicht auf Irrtümer und Bedrückungen, lässt den Leser zuletzt immer wieder lächelnd über der Situation stehen.

„Unverhoffter Ausgang", das dritte Gedichtbändchen dieser Reihe, zeigt einen Zuwachs an Klugheit, Witz, Tiefe durch inzwischen gemachte Erfahrungen, durch die wachsende Fähigkeit zum Vergleich - menschlich wie historisch - als einer Quelle von Lebensbeherrschung und Zuversicht.

Brigitte Thurm

Unverhoffter Ausgang

Verse zur Zeit und zur Welt,
Gedichte über die Liebe

Mit einem Nachwort der Autorin

Impressum
Bibliografische Information der Deutschen Nationalbibliothek:
Die Deutsche Nationalbibliothek verzeichnet diese Publikation
in der Deutschen Nationalbibliografie; detaillierte bibliografische
Daten sind im Internet über http://dnb.dnb.de abrufbar.

© 2012 Brigitte Thurm
Gestaltung: Jan Springborn

Herstellung und Verlag: BoD - Books onDemand, Norderstedt
ISBN 978-3-8482-6745-3

„Hinter einem modernen Gedicht stehen die Probleme der Zeit, der Kunst, der inneren Grundlagen unserer Existenz. [...]
Die Betrachtungen von fünfhundert Seiten über Wahrheit, so treffend einige Sätze sein mögen, werden aufgewogen von einem dreistrophigen Gedicht.“

Gottfried Benn

INHALT

STATUS QUO

LIEBESWENDE

ZEIT UND ENDZEIT

PERSONA

STENOGRAMM

NACHWORT

STATUS QUO

DURCHBLICK
(Erfurt, Winnenden, Newtown)

Sei auf der Hut vor den Braven!
Sie fallen selten auf,
weil ihre Triebe noch schlafen.
Dann kommt der Amoklauf.

Nimm dich in Acht vor dem Stillen.
Oft hält er sich nur bedeckt.
Übt im Verborgenen am Bildschirm das Killen -
bis er die Zähne bleckt.

Halte dich fern von Geduckten,
die jede Zumutung schluckten.
Jahrelang halten sie Ruh,
plötzlich schlagen sie zu.

Bleib auf Distanz zu den Weichen,
die sich gefällig schmiegen.
Sie sind die ersten, die dich betrügen,
Vorteil für sich zu erschleichen.

Fürchte dich nicht vor dem Rauhen,
vor seinem barschen Ton!
Denn er ist leicht zu durchschauen.
Ihm schenke dein Vertrauen,
diesem derben Patron.

STATUS QUO

Wir werden verschieden geboren
und können einander nur schwer verstehn.
Wir können nur eine kurze Strecke
Wegs miteinander gehn.

Wir lassen uns dividieren,
in diese und jene Funktion.
Und keiner von uns, seit wir denken,
ist eine ganze Person.

Wir wählen das kleinere Übel,
statt uns gegen Übles zu wehrn,
weil wir, mit uns selbst beschäftigt,
einander den Rücken kehrn.

Wir delegieren die Sorgen
an immer andere Partein.
Wir fühlen uns selten betroffen
und lassen uns willig entzwein.

Die Hoffnung der großen Entscheider
scheint immer aufzugehn:
Wir leben in unseren Welten,
bis wir die Welt nicht mehr sehn.

Doch sähen wir sie, für Minuten,
so, wie sie ist, ganz real,
wir hielten's für Manipulierung
und sprächen von einem Skandal.

DAUERDROHUNG
(Overnewsed - underinformed)

Wie soeben APS melden läßt,
mehren sich bei Textilarbeitern
der Provinz Mai Tong
relativ zuverlässige Zeichen
einer neuartigen Pest.
Woher kam diese Infektion?
Wann wird sie uns erreichen?!

Beim Bombenanschlag in der Mongolei
mußten angeblich Touristen sterben.
Doch verlautete, trotz Entsetzen
könne der Sender sich glücklich schätzen:
Sein Aufnahmeteam war dabei.

Während der Meisterschaften in Oten
brachen, bei einem Massensturm,
Zuschauerränge zusammen.
Über die Zahl der Verletzten und Toten
läßt sich vorläufig nur spekulieren.
Könnte das nicht hier genauso passieren?!

Du bangst erwartungsvoll, du schaltest ein.
Lust an der Angst will gestachelt sein,
ausgeschwitzt Furcht und Mitleid,
solang du sitzt.
Dann - bist du wieder mit dir allein.

Die Politiker wiegeln ab.
Bis zum nächsten Dementi.

Doch die Fakten - wer kennt die?
Wie sich auch Meldung und Widerruf drängen:
etwas bleibt immer hängen.

Wieder schaltest du an:
Es *muß* ja nichts dran sein. Aber es *kann*!

LESESVERGNÜGEN

Das vorgezogene Verb auf Zeile drei
- als einziges für zwanzig lange Zeilen -
vorm gleichgeschalteten Betrieb des durchweg
Kleingedruckten,
des ohne Komma, Strich, Punkt lieblos
Ausgespuckten,
vermag nicht, ihm Genaues mitzuteilen.

Was war es doch, wovon der Autor sprach?
Es klang nach was, nur weiß man nicht, wonach.
Doch da: zwei Wendungen versprechen Sinn!
Nun ist der Geist des Dichters aus der Flasche!
Wie Phönix steigt der Leser aus der Asche,
stolz auf sich selbst. Er meint, er hat verstanden.

Hier eine Stimmung, dort ein Gegenstand...
Zu früh gefreut: Noch kaum erkannt,
sind sie schon ausgelöscht von etwas völlig Anderm.
Und weiter muß er durch die Wüste wandern,
aus Blei (die Worte kriechen hin),
sich dreimal fragen: Was gehört wozu?
An welchen Fuß paßt dieser fremde Schuh?

Der Sinn, den er gesucht, ist nicht vorhanden.
Nicht mal ein Rhythmus oder Reim ward da geboren,
nicht die geringste Freude für die Ohren.
Es riecht nach Depression von irgendwem durch irgendwas.

Ein letzter Zweifel noch: Bist du etwa zu dumm?
Dann packt ihn Wut: ein Typ, der sowas schreibt,
will, daß der Leser darin hängen bleibt,
sich müht und quält, um etwas zu entdecken,
von dem er glaubt, es müsse darin stecken.
Für solchen Spaß ist er kein Publikum!

Nachdem er tief geschlafen bis zum Morgen,
faßt mit zwei Fingern unser guter Mann
des kranken Autors Metastasen an,
sie draußen, in der Tonne, zu entsorgen.

AUF DER KIPPE

Erst dauert's zu lange,
dann geht es zu schnell.

Kommt endlich der Abend,
wird's gleich wieder hell.

Du wächst zwanzig Jahre,
dann: Stop und Verfall.

Was mühsam befriedet,
entlädt sich mit Knall.

Ist mal genug Geld da,
gibt's gleich Inflation.

Kaum bist du befördert,
entläßt man dich schon.

Ist schließlich das neue
System übern Damm:
nur paar Schritte weiter:
schon bricht es zusamm.

Und lebst du noch immer
als Made im Speck:
in minus zwei Stunden -
kann sein - is er weg.

MENSCHEN

Sie mögen sein, wie sie wollen:
Ohne sie geht's nicht.

Man könnte sie austauschen. Aber
auf Dauer nie ohne Kompromiß.
Dessen bin ich mittlerweile gewiß.

Obgleich ich häufig Anderes behaupte,
mir's im Zorn beinah selber glaubte.
Denn man weiß, wie sie manchmal sein können.
Da möchte man sich von ihnen trennen.
Sofort. Unter jeder Bedingung.

Aber dann fehlt einem plötzlich
die vertraute Geräuschkulisse,
und man kommt in die Krise:
Das leise Klirren von Glas in der Küche,
wenn sich einer - mitten in der Nacht -
noch was zu trinken holt.
Der kaum unterdrückte Husten im Bad,
weil jemand heimlich geraucht hat.
Mann oder Freundin, Sohn, Enkel.
Mörder und Selbstmörder allesamt. Unbelehrbar.

Gibt immer Ärger mit ihnen.
Wär es nicht der, dann eben
jener. So ist das Leben.
Nur die Einsamkeit bietet
keinen Widerstand. Böte.
Weil ich ja den Ärger gewählt habe.
Nur wer sich ärgert, der lebt.
Es gibt keine anderen Menschen als diese.

Manche sagen, sie hätten's nicht nötig.
Lieber allein als so. Sie hätten davon genug.
Ist aber Selbstbetrug.
Man definiert sich ja doch über sie.
Oft, ohne es zu wissen.
Man würde Reibung vermissen.
Grade im Falle von Disharmonie.

Sehn Sie: Was nützt denn ein leerer Strand,
ohne einen Einzigen zum Reden!
Insgesamt zwei müssens mindestens sein.
Wie schon im Garten Eden.

Erst, was man andern sagt, wird zur Gewissheit.
Selbst Ihr innerer Monolog,
in dem - wie bekannt - immer nur Sie
Recht behalten, würde erkalten
ohne gedachten Wiederspruch
eines menschlichen Gegenüber.

Sie finden: Ich würde andere missbrauchen?
Vielleicht. Aber wer missbraucht denn nicht wen?
Meist ohne es zu begreifen.
Weil wir einander nie restlos verstehn.
Jeder gefangen in seinem Programm. Genetisch.
Ich kann da nichts Verwerfliches sehn.
Und was heißt hier: ethisch!

GENTLEMANLIKE

Wenn einer fragt: Wie geht es Ihnen?
Erzähl ihm nichts von Schwierigkeiten,
von Kummer oder Ärgernissen.
Vor allem: Keine Einzelheiten!
Er möchte keine Antwort wissen.
Sein Satz ist dir nur so erschienen.

Bist du etwa nicht ganz gesund:
Beherrsch dich, halte reinen Mund.
Kein Wort von Grippe, Rückenschmerzen,
von Zucker, nicht intaktem Herzen.
Du langweilst nicht nur, du verstimmst,
wenn du die Frage wörtlich nimmst.

Und niemals was von Geldproblemen,
willst du ihn nicht total vergrämen.
Am Ende glaubt er, du willst borgen.
Als hätt er keine anderen Sorgen!
In seiner Miene liest du klar:
Du bist für ihn nicht zumutbar.

Wenn du Erfolg hast, schweig darüber.
Er neidet's dir, hat er ihn nicht.
Und hat er, stehst du ihm im Licht.
Du bist ihm als Versager lieber.
Halt dich bedeckt, sei niemals offen.
Du kannst auf keine Gnade hoffen.

Schwärm nicht von deinem Liebesglück.
Das will er weder hörn noch sehn.
Er schließt sofort auf sich zurück.
Denn seins ist ziemlich abgetragen.
Schwer liegt ihm der Vergleich im Magen.
Bleib nüchtern, lass dich niemals gehn!

Bist du gewitzt, sagt deine Nase
dir sofort: Er drosch eine Phrase.
„Mein Beileid!", „Lebe wohl!", „Willkommen!"
Wer hat das jemals ernst genommen?
Er will nichts weiter mit dir tuen,
als wertefrei howdoyoudoen.

Bleib bei demselben Attribut:
Wie's dir auch gehn mag - dir geht's gut!

Doch willst du das Gespräch bedienen,
hau gleich zurück: „Wie geht's denn Ihnen?"

AUFGERÄUMT

Was wird mit dem „Meyer"? Wir ziehen um.
Acht dicke Wälzer, da schleppt man sich krumm.
Den lade *ich* mir nicht auf die Hucke!
Wo ich doch längst Wikipedia gucke!

Und dann dein Brockhaus, die Subskription,
die sie dir damals aufgeschwatzt haben!
Jetzt kannst du dich darunter begraben.
Das ahnt ich immer schon!

Inka ist Zwanzig und Kai ist längst raus.
Meinst du, die bauen sich dafür ein Haus?

„Joseph und seine Brüder" von Thomas Mann.
Vier Bände. Leder. Die war'n schwer zu kriegen.
Lese ich nicht mehr. Hör ich mir an,
Beine hoch und im Liegen.

Keller's Erzählungen. Gut und schön.
Haben wir doch schon verfilmt gesehn!

Damit bepflastert man sich nicht die Wände,
wie das früher so war.
Schließlich hast du kein Museum,
und ich bin kein Antiquar.

„Faust" in Reclam. Damit kann ich leben.
Sollte nur solche Formate geben.
„Faust" ist toll. „Faust" paßt immer.
Der kommt mit auf mein Zimmer.
Und da hinten - wer hätte's gedacht:

„1000 Dinge - selbst gemacht!"
Das war 'ne gute Sache. Kam in den Siebzigern raus.
....„Zündkerzenwechsel" ... Daß ich nicht lache!
Da baust du heute den Motor aus!

Zwei Kisten, proppenvoll bis an die Kanten:
Landkarten, Kataloge, Atlanten.

Reiseführer Thüringer Wald. Katzhütte...
Fünfzig Jahre Luftkurort Meuselberg.
Schiffsanfahrt Ferienheim Vitte.
Die hab ich gut in Erinnerung.
Zeiten waren das und wir so jung!
„Schöne Prignitz." Ortsplan Würmsdorf-Kleinkorten.
Heinz W. Graffunda: „Was geschah in Loch Ness?"

Kannst du ja, wenn du willst, googeln.
Außerdem haben wir GPS.

Oder - solln wir vielleicht ein Schloß mieten,
um das Ganze zu horten?!

Denk doch auch mal an deine Arthrose!
Bring dich nicht ganz auf den Hund!

Wenn du mich fragst: bei der Diagnose:
besser alles weg und gesund!

AN RÜHMKORF (1929 - 2008)

Du hast mir Vieles gegeben,
obgleich ich dich niemals gesehn.
Einer wie du sollte leben -
oder doch öfter mal auferstehn.

Deine Optik bestechend:
Alltag im Jahrhundertblick,
alle Tabus durchbrechend.
Schlüsse vor und zurück.

Schreiben in Hinsicht auf Leute,
angreifend, rezitabel.
Fest verwurzelt im Heute.
Vom Liedchen bis zur Parabel.

Keine Ewigkeitsillusionen
in Sachen Kunst und Dichtung.
Ohne dich je zu schonen,
bliebst du bei dieser Richtung.

Und deine „Ochsentouren" durchs Land,
dein Aus-dem-Koffer-Leben! Konntest zuhören,
konntest geben, Autor zum Anfassen,
deinem Publikum auch persönlich bekannt.

Gängige Phrasen bürstest du gegen den Strich,
sie uns für alle Zeit zu verleiden.
Um einen Kerl wie dich
konnte der Osten den Westen beneiden:
Kritisch, oft parodistisch,
mal poetisch, mal feuilletonistisch,
in jedem Fall wortartistisch.

Glänzender Reimer, rhythmisches Urtalent,
massenmedienabstinent,
Mann von Charakter, vorwiegend heiter,
usf., usw.

Aus all den Gründen sei hier unverblümt
posthum der Korf gerühmt!

DA CAPO

Wenn wir erst alles selber anbauen,
um uns wieder ans Essen zu trauen,
Mammut am offenen Feuer abkochen,
weil wir zuviel faules Mastschwein gerochen,

wenn wir erst wieder Sammler und Jäger
sind anstatt Gammler, Brandstifter, Schläger,
ohne chemievergiftete Plünnen,
die uns Leber und Nieren ausdünnen,
einander wieder mit Grunzen und Knurren
die verlausten Felle festzurren -
klobig, stier und ohne Beeilung -
ist bald Schluß mit der Arbeitsteilung.

Aber in lumpigen -zigtausend Jahren
schaffen wir's wieder dahin, wo wir waren.

GRENZEN DER MITTEILUNG

Was du sahst, hat kein Andrer gefunden.
Es war an deine Augen gebunden.
Andere sehn Andres auf deinem Blatt.
Schwer, dafür passende Worte zu wählen.

Versuche mal, einen Film zu erzählen,
der dich erschüttert hat.

HUNGER

Immer diese Erlebensgier!
Niemals Haus gehalten mit dir,
Nase gerümpft über die, die sich schonen.
Leben muß sich doch lohnen!

Nach wie vor keine innere Ruh.
(So Vieles steht dir noch zu!)
Unbereut, bis jetzt der Verschleiß.
(Wie lange geht das? Wer weiß...)
Selbst im Leiden total unbescheiden.
(Mit jenem fordernden Ton.)

Immer noch dieses „Durch Nacht zum Licht",
Sich-aus-der-Talsohle-Heben,
Da-Sein für etwas, über sich selbst hinaus:
Mehrwert, erweiterte Reproduktion!

Leben, bloß um zu leben?
So weit bist du noch nicht.

FLIETHER LAND

Reine Äcker gehn in sanften Wellen.
Frühherbstlicht aus hohem, zarten Blau.
Weite. Stille. Nur die Luft streicht lau.
Kühl die sonnenabgewandten Stellen.

Dunkelgrüne Inseln in den Senken.
Buschversteck vor Blick und Sonnenglast,
Zufluchtsort und Bett bei Ernterast.
Lassen noch an Sommerliebe denken.

Kirchhof. Samtene Rasenmatte.
Astern, letzte Rosen draufgesteckt,
mittags noch von Morgentau bedeckt.
Ruhe. Letzte Lösung, lebenssatte.

Hügelan, bevors zum Dorfe geht,
alter Baum, mit Pflaumen übersät,
die schon lange keinem mehr gehören.

Pflück sie, nimm, laß dich nicht stören!

LIEDERLICH

Herbstzeit, Klettenzeit.
Trägt ein buntes Flickenkleid.

Schmaust die Birnen, Trauben, Pflaumen,
- beide Backen vollgestopft,
daß der Saft zu Boden tropft -
Wein und Wildbret für den Gaumen.

Läßt die losen Blätter fliegen,
Äpfel auf dem Boden liegen.
Nichts ist mehr an seinem Platz.
Keine Ordnung reinzukriegen!

Grade wie bei dir, mein Schatz.

ZWISCHENZEIT

Die Nächte frostig kalt.
Und nahe Null die Tage.
Die Zeit mehr ein „Danach" als ein „Davor".
Das Jahr steht starr und alt.

Kein Streifen Blau.
Die Sonne ahnbar nur.
Hochnebel lastend über dürren Ästen.
Ein Himmel von diffusem Grau.

Das Gras geduckt zu bleichen Bündeln.
Nesseln und Melde kraftlos hingekauert.
Nur Heidekraut und Brombeer überdauert.
Dunst überm Pfuhl, wo ein paar Enten gründeln.

Der grüne Buchendom, durch den
du sommers gingst, jetzt eines toten
Riesenfisches nackte Gräten.
Die Schritte auf gefrorener Erde hohl.

Kein Käfer krabbelt, keine Spinnen weben.
Nichts gibt dir hier zum Träumen Grund.
Ganz hinten, zwischen kahlen Bäumen,
führt ein Besitzer seinen Hund.

Im Felde nebenan der letzte Kohl,
und überm Ausgesäten
ein kurzer Krähenschrei.
Dann wieder Stille. Und vorbei.

Doch nun, im Weitergehn, erlauscht
dein überwaches Ohr
das leise Knacken: Stiele
befreien sich vom Holz und viele
braune Blätter segeln, schweben
zu Boden. Wie im Bewusstsein eigener
Altersschwächen, vorsichtig, langsam,
so, als könnten sie dabei zerbrechen.

Du stolperst über eine harte Karrenspur.
Am Wegrand letztes Schöllkraut, matter Löwenzahn.

Ansonsten weiter nichts als nur
das leise Rollen von der fernen Autobahn.

LIEBESWENDE

NACHSICHT!

Ach, es hängt so viel an schönen Worten!
Sagst du mir, du liebtest mich,
- selbst, wenn ich nicht weiß, ob ich auch dich
und ob du mich wirklich innig, heiß...
fühl ich mich gleich schöner, stärker, klüger.

Ach, der werbende Betrüger
ist uns doch zuletzt viel lieber
als der schroffe Wahrheitskünder,
der erbarmungslose Finder
unserer Fehler, Mängel, Schwächen.

Lieblos ehrlich solltest du nie sprechen.
Auch das Glück verlangt sein Ritual -
Liebst du also wirklich: Sag's nochmal!

Denn es hängt so viel an schönen Worten.

FALSCH GEPOLT

Einen Mann hab ich gefunden,
einen tadellosen Mann,
um den, wenn man's recht betrachtet,
Jede mich beneiden kann.

Etwas Glück gehört zum Leben:
Eben, weil ich ihn nicht rief,
ist es doch ein wahrer Segen,
dass er sich zu mir verlief.

Soviel Lobenswertes hat er:
Seine Zuverlässigkeit.
Höflich, gründlich, fast penibel -
immer ganz Besonnenheit,

hochgewachsen, sehr gerade.
Sicher auch charakterfest.
Lediglich - nicht ganz die Hände,
denen man sich überlässt...

Und der scharfe Zug der Lippen:
irgendwie vergrämt, fatal.
(Fürs Einanderküssenmüssen
ist das eben nicht egal!)

Aber sonst - nichts dran zu tippen!
Blond. Das mögen manche Frauen.
Die nach hellen Typen schauen,
gern in blaue Augen sehn.

Wenn er doch bloß anders röche,
nicht so seifenhaft steril...
und auch nicht so hager wäre.
Eher untersetzt, stabil!

Dreimal jede Woche schreibt er!
Jeden Abend ruft er an!

Nur ich kann ihm nicht verzeihen,
daß - - ich ihn nicht lieben kann.

IN BEREITSCHAFT

An jeder Straßenecke kann er stehn,
im Menschenstrom an dir vorübergehn.
Kann neben dir im fremden Kino sitzen,
im Speisewagen mit dir durch die Gegend flitzen
und höflich wünschen: „Guten Appetit!"

Kann sein, daß er dir früh im Bus begegnet,
dir seinen Schirm anbietet, weil es regnet.
In einer Großstadt kann er wohnen oder
einem Nest, wo dich der Zufall mit
dem Auto halten läßt.

Und tritt der beste aller Fälle ein,
wird er sogar dein Unfallgegner sein,
der, da ihr euch nicht kennt, dir notgedrungen
Namen, Telefon, Adresse nennt.

Bleib ganz du selbst, auch dann, laß dich nicht gehn.
Zeig dich gelassen, klug, wenn möglich schön.
Dich zu beherrschen fällt dir doch nicht schwer,
wenn du sofort begreifst: hier geht's um mehr!

Zuletzt vergiss nicht: er verfällt meist Frauen,
die ihm gewinnend in die Augen schauen.

Wenn du auch warten musst, noch lange Zeit,
du wirst ihn finden. Halte dich bereit!
Bis dahin, Artemis, lieg auf der Lauer.

Doch hast du ihn erkannt: denk nicht an Dauer!
Denn Leidenschaft verglimmt am eigenen Herd.
Was du erobern musst, nur das hat Wert.

BRIEF AUS M.

Du schlugst mir vor, im Juli noch einmal
nach M. zu fahren, weil es mir so gefallen hat,
vor vielen Jahren.
Nun bin ich da und schreibe dir. Es gießt.
Wir hatten damals täglich Sonnenschein.
Jetzt Regen und Gewitter. Alles nießt.

Und dann, vor allem: Ich war schwer verliebt,
in A. Heut fiel mir ein:
Der dürfte jetzt schon an die Achtzig sein.
Ich hab ihn anders in Erinnerung.
Vielleicht ganz gut, daß ich ihn nicht mehr sah.
(Ich bin ja mittlerweile mehr für jung.)

Nur leider sind, die mir begegnen, heute,
im Grunde weiter nichts für mich als - Leute.

Ansonsten wie gehabt: Die Kolonnade.
Neobarock und Neoklassik, fin de siècle, Jugendstil...
Und am Hotel Exzelsior, die Karyatide
stemmt das Gebälk noch immer, wenn auch leicht morbide,
ins nachgeputzte Kaisergelb der Prunkfassade.
Noch imposant im Bröckeln siehst du überborden
Europas letzten Dünkel, steingeworden.

Auch jetzt noch hin und wieder Handkuß,
Charming, bürgerliche Gesten.
Man ist ja sowieso schon wieder bürgerlich
und Westen.

Die Reiseleiter schwafeln von Ulrike -
nach wie vor - und mühn sich, des Geheimrats
Liebesqualen vor lüsternen Touristen auszumalen,
der einmal sein Prinzip vergaß: beizeiten wegzubleiben.
Und dem zuletzt nichts blieb als: schreiben, schreiben...

Ich komme bald zurück, mein Freund. So stehn die Sachen.
(Man muß die Fehler Anderer ja nicht selber machen.)

ABSTURZ

Wie waren wir uns nah,
in Briefen und am Telefon.

Ich dachte schon:
Wie schön, daß es das gibt,
daß man sich immer noch
so sehr verliebt!

Du kamst. Du standest in der Tür.
Und ich erschrak:
Nach Liebe sehnte ich mich.
Nicht nach dir.

X AN SEINEN FREUND Y
über den Gang der Dinge

Liebe ist nie etwas Absolutes.
Denn die Stärke der Gefühle tut es,
die du vorher, scheint's, so nie gekannt.
Weniger der Gegenstand.

Deshalb ist bekanntlich selber lieben
weitaus besser, als geliebt zu werden:
Erst durch Hindernisse und Beschwerden
wird der Mensch zum Äußersten getrieben.

Doch nun hast du endlich, was du wolltest
(und dir stets vor Augen halten solltest).

Wie sie ist? Du sagst: wie Frauen sind.
So und so. Jetzt wärst du nicht mehr blind.

Freundlich. Manchmal auch gereizt.
Während sie sonst mit Ekstasen eher geizt.

Nein, es sei nicht, dass sie dich betrüge!
Nur, dass sie verschnupft im Bette liege,
eingemummt, mit Jacke und mit Schal.
Und das grad im Frühling. Jedesmal!

Was dich insgesamt in Rage bringe:
Drinnen grämlich, draußen guter Dinge!

Doch vielleicht fühlt *sie* sich abgestoßen
von den Beulen alter Jogginghosen?!

Glaub mir: Sind die Defizite erst bekannter,
wirst du mit den Jahren toleranter.

Kannst du's nicht sein, stell dich nicht bescheiden.
Eh ihr anfangt, euch nur noch zu hassen,
geh als Erster! Laß dich nicht verlassen!
Besser Unrecht tun als Unrecht leiden.

Willst du's aber von der besten Seite sehn,
sag dir:
             was bequem ist, das ist selten schön.

AUSGEGLICHEN

Ich liebe Klaus und Dieter.
Der eine ist mir sehr vertraut.
Doch dass es noch den Andern gibt,
das hat mich aufgebaut.

Sie sind wie nette Mieter.
Ich bin nicht ihr Besitz.
Der Eine ist zu diesem gut
und der zu jenem nütz.

Sie fallen mir nie lästig.
Sie kommen und sie gehn -
im Wechsel - und man freut sich
aufs nächste Wiedersehn.

Ich kenne keine Eifersucht,
denn ich bin immer ausgebucht,
und Torschlußpanik liegt mir fern.
Mich hat ja nicht nur Einer gern.

Sie ahnen voneinander nichts.
Da bin ich Kavalier.
Nur treibt mich eine Frage um:
        Was finden die an mir?

HOCHMUT

Als du übern Zaun gestiegen
in der finstern Mitternacht,
um mir innig beizuliegen,
eh die Nachbarschaft erwacht,
und vom Walde her ein Käuzchen schrie,
war die Welt im Lot, wie vorher nie.

Wie du dann, im Morgengrauen,
aufstandst, um dich fortzuschleichen:
Durft ich meinen Augen trauen?
Mannesschönheit ohnegleichen!
Wonnig rann's mir durch den Sinn:
Was ich für ein Glückskind bin!

Übernächtig, blaß, alleine
ging ich tags durch meine Stadt.
Doch erhobnen Haupts wie eine,
die man auserlesen hat.
Wohlgefühl in allen Gliedern,
allem, was von dir berührt.

Und ich dacht: Auch euch ging's besser,
würdet ihr wie ich verführt.
Eure Mienen zum Erbarmen,
Stimmen müde und gequält.
Woher kommt das? Ach ihr Armen
wißt ja gar nicht, was euch fehlt!

FRÜHER ABSCHIED

Am Tische warn wir sechs. Und einer
dem Anderen noch fremd, durch Herkunft,
Rede und Gebärden.
Noch kannt ich deinen Namen nicht.
Da sehnte meine Hand sich schon nach deiner,
von ihr bedeckt, beschützt, gewärmt zu werden.

Von da ab fand, was immer tags geschah,
nur dadurch seinen Sinn, daß ich begann,
dir davon mitzuteilen. Und ich
begriff: Ich lebte auf den Abend hin.
Auf jenen Tisch. Auf dich.

Was wir auch sprachen, es ging beide an:
Vom Gang der großen Dinge und der kleinen.
Was für uns Daseinsgrund, wo Heimat ist.
Von Hoffnung, Träumen, die man nie vergißt.
Und sogar schweigend sagten wir dasselbe.
Du kamst aus meiner Welt, ich aus der deinen.

Mein andres Selbst, du mein geliebtes Gegenstück,
ich glaubte schon nicht mehr, daß es dich gibt!
Und gäb es dich, ich würde dich nie finden.
Sind ja so viele Welten in der einen.

                              Nun warst du da.
Und ich - durft dich nicht binden.

      Doch nichts will ich bezweifeln
an dir, nichts an deinem Leben. Es hat
mir den, der du heut bist, gegeben.
Und so sei's recht.

               Werd ich dich wiedersehn?
Kehrst du mir je zurück?
      Oh, laß mich nicht erfrieren!

Was dir beim Abschied der versteinte Mund
nicht sagen konnte: „Lieber, bleib gesund.
Gib auf dich acht!
           Ich darf dich nicht verlieren!"

GLAUB MIR:

                              Ich liebe dich.
Liebe ist nicht dasselbe wie Begehren.
Sie gibt dir Sicherheit, du bist geborgen,
gehst mit ihr ohne Angst ins schwere Morgen.

Sie ist der Güte zum Verwechseln ähnlich,
und sie hat Züge, die der Freundschaft gleichen.
Geduld und Wärme - ihre Wasserzeichen.
Freudlose Jahre, mußt du sie entbehren.

Sie ist nicht nur ein brennendes Verlangen.
Verzeih, sei nicht gekränkt in deiner Mannesehre!
Klag nicht, dir sei das bessere Teil entgangen.
Man braucht so viel und so Verschiedenes zum Leben
und kann einander niemals alles sein.

Eins aber weiß ich: wie verzweifelt arm ich wäre,
wie allein, würd es dich plötzlich
einmal nicht mehr geben.

SPÄTES PAAR

Im heißen Juni, im warmen August,
da haben wir's noch nicht gewußt,
daß wir einander entdecken.

Oktober mußte es werden,
mit kalten Nächten und goldbraunen Hecken,
um uns mit anderen Augen zu sehn
und ohne Furcht, fest umschlungen
in den Winter zu gehn.

LIEBESWENDE

Ich liebte dich und mit dir deine Welt
und hoffte sehr, du nähmst mich mit hinein.
Das aber darf, entschiedest du, nicht sein.

Wohl liebtest du mich auch, ein ganzes Jahr.
Doch sollt es keiner wissen.
Denn alles müßte bleiben, wie es war.

Da fiel das Reich, das dir gehört, in Scherben.
Über Nacht.
Weg war mein Schmerz. Ich war nicht mehr zerrissen.

Nur fühlt ich mein Verlangen nach dir sterben.
Vom Zeitenwechsel umgebracht.

DIE WAND

Du liegst und lauschst dem eigenen Herzschlag nach,
den Blick am Muster goldengelber Ranken,
auf dieser Wand, die einst so viel versprach
an innigen Gefühlen und Gedanken.

Begehren drängte und Gewissen zahlt dafür.
Für Treubruch an ihm, den du so geliebt.
An jenem, der dir heute Wärme gibt.
An dir.

Als diese Wand so neu war wie das Haus,
als ihr vor diesen Ranken euch gefunden,
mit Worten, Lippen, Händen euch verbunden,
da gabst du hier die ganze Seele aus.

Wo immer dich Verlangen seitdem hingetrieben,
Erfüllung nur noch einmal zu erneuen,
wo du auch suchtest - um dann zu bereuen:
Es galt dem Einen, der dir nicht geblieben.

Du könntest es vielleicht für kurze Zeit vergessen,
wär die Tapete nicht an jener Wand.
Indes vergeht, was liebend du besessen,
im Dunkel. Tief im märkischen Sand.

ZEIT UND ENDZEIT

DAMALS,

als wir noch im hüfthohen Gras lagen,
zwischen Butter- und Glockenblumen,
etwas versprengtem Mohn und zusahen,
wie Libellen und Schmetterlinge
auf unseren nackten Knien balancierten.

Damals, als wir mit dem Einkaufsbeutel
zum Krämer nebenan liefen,
Wirsingkohl, Milch, Marmelade zu holen
und ein Tütchen gemischte Bonbons.
Bei der Verkäuferin, die wir seit Jahren kannten.

Da wir noch einander besuchten,
leibhaftig, anfassbar, um miteinander
zu reden. Ganz einfach von Mund zu Mund.
Statt zu chatten. Und lange Briefe schrieben,
nicht kurze mails hinterließen.

Oder im Sommer, mit Genuß,
Erdbeeren aus unserem Garten aßen.
Nicht im Winter die ohne Geschmack,
aus Südamerika.

Als wir stundenlang in der Sonne schmorten,
glaubend, je brauner, desto gesünder ...

Waren das wirklich wir?

ANGELUS NOVUS
(nach Benjamin, von Klee)

Wohin schreitet der Fortschritt,
wenn er seine Schritte macht?
Rennt er der Sonne entgegen -
oder vielleicht der Nacht?

Trümmer, Kalvarienberge
säumen den rasenden Lauf.
Kein barmherziger Engel
hält den Gewaltmarsch auf.

Jeder Schritt - ein Verlust.
Jeder Verlust - ein Gewinn.

Cui bono? In wessen Sinn?

HEIMAT

Kindheitsbilder, Rückwärtsverlangen.
Immer Idylle. Und immer vergangen.
Gassen und Gärtchen, besonnter Kies.
Ist Heimat dies?

Brunnen vorm Tore, trauliches Heim,
wie im romantischen Singen und Sagen?
Sinnlos, sie einzuklagen.
Heimat ist nicht der Ort allein,
wo du geliebt wirst. Auch wo du liebst,
nicht nur nimmst, sondern mehr noch gibst.

Heimat - kann eine Erinnerung sein,
durchlässig wie ein Sieb.
Das Schlechte fiel durch, und das Gute blieb.

Heimat - eine Erfindung?
Oder nicht vielmehr ein innerer Wert,
eine Beziehung, von der man zehrt,
eine zuverlässige Bindung!
Ein Platz in der Welt, an dem man dich schätzt,
auf dich setzt. Der deine Unrast stillt,
durch eine Arbeit, die dich erfüllt.

Heimaten können Städte sein
in einem fremden Land,
die du durchwandert hast,
mit Menschen darin, denen du
mehr warst als nur ein Gast.

Wieviele Heimaten hast du verloren,
wieviele dir neu geboren!
Nur im Wandel erfüllt sich Glück.
Wie man auch von der Vergangenheit schwärme:
Wer möchte dahin zurück!

Heimat kann wechseln - von da nach hier.
Ob du sie hast, liegt an dir.

SELBST

Wenn auch die Jahre vergingen
und dich verändert haben,
nach und nach, unumkehrbar:
Vergiß nicht, wer du einmal warst,
- ich sage nicht „was" sondern „wer" -,
wo du einmal hin wolltest.

Und bedenke: Wie spät es auch sei,
noch immer bist du's, der
deine Wegrichtung angibt.

Raff dich zusammen,
versuch das Unmögliche;
weniger nicht, willst du das Mögliche schaffen!

GOLDEN SIXTIES

Noch nie so viel und so Gutes gelesen.
Noch nie so souverän gewesen,
so sicher und so ungehemmt.

Noch nie so viel gewusst und gekannt.
Nicht mehr, wie früher, kopflos gerannt
und dann doch den Umweg genommen.
Gleich auf den Punkt gekommen!

Nicht mehr die unentschiedenen Sachen.
Die Welt, weißt du längst, gehört den Wachen.
Von jetzt ab nur Neues, nichts zweimal sehn!
Was heut nicht geschieht, wird nie mehr geschehn.

Du lerntest, dein Gesicht gestalten
(besonders nach durchwachter Nacht).
Der Ausdruck ist's, der Eindruck macht:
Charakter- und nicht Mißmutsfalten!

Nun erst stellt sich das Beste ein:
Die Fähigkeit, man selbst zu sein.
Vorüber der Kopien Qual.
Denn *du* bist das Original!

Doch geht dir auf, bei all dem Treiben:
Die nicht mehr liebesfreudig bleiben,
sehn diese Welt bald grau und kalt.

Nicht ich! denkst du.
Ich werd nicht alt.

SUPER NOVA

(in memoriam Susan Sontag, Michael Jackson, Kurt Cobain)

Als man dich noch Nova nannte,
manchen Ausbruch von dir kannte
heiß bewegter Leidenschaft,
fehlte dir von Mal zu Mal die Kraft,
durchzuhalten.
Und du fielst zurück in Dunkel
und Erkalten.

Und Äonen rannen durch das Glas
der Zeit,
bis dein Ende kam,
da du begriffst: Es ist soweit.
Dich nicht länger Grad um Grad
zu beugen,
das, was in dir flammt,
der Welt zu zeigen.
Es ist mit ungeheurer Wucht hinaus
ins All zu sprengen.
Lodernd, strahlend schön wie
vorher nie. Heller als die ganze Galaxie.
Dich in Selbsterfüllung
tödlich zu versengen.

DEUTSCHE ROMANTIK

Was war das für eine Zeit!
Nichts zu haben, nichts zu kriegen!
Keine Spur intimer Nähe,
noch gar lustvoll beizuliegen,
vor der Hochzeit, vor der Ehe.

Schule der Enthaltsamkeit!

Aber: Verse, Strophen, Lieder
strömten auf die Menschheit nieder!
Sehnsuchtsvoll und traumbesessen,
innig, ewig, unvergessen.

Zarte Mädchen sieht man gehen
mitternächtlich durch Alleen
und am Hang den Quellen lauschen.
Ährenwogen, Waldesrauschen.

Posthorntöne tief im Tal.
Einsam schluchzt die Nachtigall.
Linde Lüfte, Blütenregen.
„Bebend harr ich dir entgegen!"
Mondenglanz auf stillen Seen.

Nie sah man die Welt so schön.

Ach, wieviel bleibt *uns* verschlossen:
Unser Pulver wird verschossen.

KLASSISCH

Wär doch das Schöne gut!
Und wär das Gute wahr!

Doch wär das Wahre schön
- und gut dazu ...
das ließ sich sehn!

VORLÄUFIG

- bleiben wir noch in München. Trotz der
seltsamen Mentalität der Leute hier. Weil es noch
keine passende Arbeit für uns zu Hause im Norden
gibt.

Erstmal
- bauen wir das Häuschen im Grünen aus. Obwohl
der Anfahrtsweg dorthin weit ist. Sobald die Kinder
groß sind, ziehen wir eben zurück in die Stadt.

Einstweilen
- führt man seine Vernunftehe. Bis man irgendwann
doch noch der großen Liebe begegnet. Daß ich dann
sofort von hier verschwinde, versteht sich.

Momentan
- schreibt er nichts als Gedichte. Bis er, wie er sagt,
endlich mal Zeit für den geplanten großen Roman
hat.

Augenblicklich und zunächst,
vorderhand, vorerst, zurzeit...
scheint's zum Ende noch recht weit.

Doch dann entpuppt sich das Spiel:
        Es galt dem Weg, nicht dem Ziel.

WIE ES KAM

So kann's nicht mehr weitergehn!
sagten sie und verabschiedeten
stolz ihre Söhne nach Verdun.

Alles muß anders werden, von Grund auf!
sagten sie später und wählten
die Nazis.

Nie wieder! schworen sie, nach deren Ende.

Nun fingen sie neu an und bauten
aus Trümmern etwas Niedagewesenes.

Wie es jetzt ist, darf's nicht bleiben!
riefen sie eines Tags und skandierten,
als Alternative, einen bekannten
männlichen Vornamen, dessen
Träger aus jener Himmelsrichtung kam,
wo erfahrungsgemäß die Sonne
untergeht. Und der König erhörte ihr Flehen.

Das haben wir uns aber anders vorgestellt!
klagten sie diesmal und senkten die Köpfe.

So kam das.

ENDSTATION ARARAT

Statt frischen Windes brüllender Orkan.
Kein Regen mehr, nur Wolkenbrüche.
Der Himmel nun die Hölle, Hexenküche.
Und Überflutung tobt sich rasend aus,
reißt mit sich Wälder, Tier, Mensch, Haus.

Die elitäre Auswahl in der Arche:
die Noahs, Utnapischtims und dergleichen,
Crème de la crème aus den versunkenen Reichen.
Entblößt von ihrer Schar der Arbeitsbienen,
im Wahn gestorben, nur sich selbst zu dienen.

Sie machen wieder fest am Kraterrand
des Ararat, wo sie schon einmal waren,
gestraft, belehrt vor vielen tausend Jahren.
Und steigen aus,
auf die verstummte Erde.

Den Fuß in Exkrementen, Müll und Giften,
die aus der Tiefe Schlamm nach oben driften.

Wo diesmal keine Stimme ruft: „Es werde!"

LETZTE AUFFORDERUNG

Laß uns noch einmal fahren
ins schöne Schweizerland,
wie in vergangnen Jahren,
zu unsrer Felsenwand.
Mag dann das Schicksal walten!
Bis jetzt hat sie gehalten.
Obgleich aus ihren Spalten
der Permafrost verschwand.

Laß uns noch einmal fliegen
ins warme Afrika.
Vor neuen Bürgerkriegen,
Revolten, Cholera.
Die Schonzeit geht zu Ende
für die Touristenstrände,
und neue Flächenbrände
erwarten uns schon da.

Laß uns noch einmal gehen
in Schmidts Vereinslokal.
Ein letztes Mal besehen
Medaillen und Pokal.
Sie wehmutsvoll begießen.
Denn Schmidt muß demnächst schließen.
Wenn hier gen Himmel schießen
Büros aus Glas und Stahl.

PERSONA

SCHLIEMANN
oder Der falsche Fund

Anfangs hatte er nur ein Ziel:
Festes Schuhwerk und Winterjoppe,
ein Bett für sich allein.
Kaufmann müßte man sein!

Da braucht man Sprachen.
Dreizehn lernt er. Nachts und beim Gang
durch die Gassen. Ohne Umweg über Grammatik.
Sich nie ablenken lassen!

Bei klirrendem Frost mit dem Schlitten nach
Petersburg.
Besessener Arbeiter. Wendig. Hellwach.
Importkaufmann. Erste Gilde.
Russische Heirat. Kriegsgewinnler und Spekulant.
Eiserne Disziplin:
auf dem Höhepunkt - Liquidation.

Sein Reichtum märchenhaft. Aber wo
bleibt das Märchen?
Weltreise. Studium in Paris, unterbrochen
durch neue Reisen. Jetzt weiß er schon,
was er sucht. Man wird sehn!
Fahrt durch Kleinasien und Griechenland.
Zweimal verkauft er den Reisebericht:
als Buch, als Dissertation.
„Herr Doktor Schliemann". So könnte's gehn.
Zum Beispiel: Troja ausgraben.

Vorher noch die richtige Frau. Der Bräutigam
nicht gerade ein Beau:
mager, mittelgroß, stechender Blick.
Allerdings Millionär.

Andere gruben schon vor ihm und anderswo.
Er gräbt heute und hier. Deutschland fühlt neuerdings
griechisch:
Nicht Agamemnon nur, auch Wilhelm Eins blickt begehrlich
nach Asien.

Nun darf nichts mehr schiefgehn.
Zu jedem Spatenstich eine Zeitungskolumne,
eine Fotografie:
Schliemann, der seine Forschungen mit eigenem Geld
finanziert, sich zum Erfolg verdammt.
Schliemann, das Arbeitstier. Der,
mit Malaria im Leib, auch seine Leute gnadenlos antreibt.
Der immer wieder zur Grabung ansetzt, sich nicht
entmutigen läßt und schließlich findet:
Gold des Priamos!

Das neu geeinte Deutschland jauchzt auf: Unser Mann!

Als Echtheitszweifel aufkommen, hat die Welt längst
das Foto gesehn: Sophia im Goldschmuck der Helena.
Griechin, blutjung und schön.

Schliemann lädt Celebritäten als Grabungszeugen ein,
berühmte Herren und Damen.

Schliemann wird eingeladen, in Häuser von Rang und
Namen.
Der beargwöhnte Laie. Das Genie. Mit der romanhaften
Selbstdarstellung. Der Mann, der aus bitterster Armut
durch Klugheit, Fleiß, Energie zu den Berühmten und
Reichen aufstieg. Ein Idol für die Massen.

Der mit dem Markenzeichen, seiner gekauften Braut.
Der sich, so hört man, in London ein Reklamebüro
aufbaut.

Schliemann, der Patriot, der an alle denkt, seine
trojanische Sammlung dem deutschen Volke schenkt.

Der mittlerweile schon in Mykene gräbt. Mit
einem Assistenten, Dörpfeld (oder so ähnlich, wer ist das?),
alte Keramik findet und wieder: Gold!

Als der ihm klarmacht: Nicht Homers Ileon, nicht
Agamemnons Schatz waren es, die er gefunden,
sondern Spuren uralter Kulturen, längst
dem Menschheitsgedächtnis entschwunden,
sind die Würfel bereits gefallen. Was er
künftig auch tun mag, jedes Schulkind
kann sagen, wer Heinrich Schliemann ist:
Der Entdecker von Troja.

Sterben mit Achtundsechzig. Ursache unheroisch: die
Ohren.
Zusammenbruch auf offener Straße.
Wenn die Kräfte verzehrt sind, sucht sich der Tod einen
Grund.

Durch alle Stuben fliegt die Nachricht. Im Trauerzug
gehn Fürsten, Politiker, Männer der Wissenschaft,
Arbeiter, die mit ihm gruben.

Man trägt den Mann, der den ersten Lichtstrahl
in die *dark ages* warf.
Seine Verdienste: enorm. Sein Ruhm: der falsche Fund.

CLARA

Wie ist dir das gelungen?
Woher nahmst du die Kraft:
Eine Weltkarriere
und achtmal Schwangerschaft?

Keinem Liszt, keinem Wagner
aufblickend angehangen,
männlichen Dominanzen
klug aus dem Weg gegangen.

Jahrelang an deiner Seite
das depressive Genie.
Niemals war „wer" oder „was" deine Frage,
sondern immer nur „wie".

Nervenstark, unablenkbar.
Anmut und eiserner Wille,
immer du selbst zu sein.
Liebestüchtig (ganz ohne Pille).

Kälte, Sturm, Reisegefahren,
Tod der Nächsten und Krieg
durch ein *Ziel* überstanden.
Clara Schumann, geborene Wieck.

LISZT. DER PREIS DER BRILLANZ

Sein Verhältnis zum Leben: erotisch.
Rastlos und unersättlich im Arbeiten, Reisen, Erfahren.
Süchtig nach Liebe, Bewunderung, Glanz.
Aus kleinen Verhältnissen stammend, wählte er
grundsätzlich Partnerinnen von Adel.
Starkes Rauschbedürfnis: Alkohol, Nikotin, Barockkirchen.
Nie eine Schule besucht, aber besessener Leser.
Sehr beredt. Clara Schumann, die ihn als Pianisten
bewunderte, ging er als Mensch auf die Nerven.

Absolutismus auf dem Klavier: Ein Abend - ein Mann.
„Le concert c'est moi".
Effektvolles Styling: Interessante Blässe, sehr schlank,
schulterlanges Haar, enge pechschwarze Kleidung.
Blickkontakt mit dem weiblichen Publikum.
Seine Auftritte spektakulär, seine Affären bekannt.
Skandale eher erwünscht als vermieden.
Spielte vor Bürgern, Grafen und Fürsten,
Königen, vorm russischen Zaren,
dem Sultan von Konstantinopel.
Stille und Idylle, auch an der Seite einer geliebten Frau,
hielt er nie lange aus.
Schlechter Vater, überließ seine Kinder bigotten,
gefühlskalten Gouvernanten.

Arbeiten nach den Vorlagen Anderer:
Vom Orchester aufs Klavier: Beethoven, Bach und Chopin,
Schubert, Schumann und Wagner.
Kongenial übertragen.
Transkriptionen und Variationen, „Reminiscences"
und „Illustrations". Opern-Paraphrasen.
Wer je von ihm seine Bravourstücke hörte, war geblendet
für lange Zeit.

Glücklicher Nutznießer fremder Erfindungen.
Seine eleganten Arpeggien, chromatischen Pianissimoläufe,
donnernden Oktavglissandi, hingeschmetterten Akkorde
undenkbar ohne Erards neue Klaviermechanik.

Zwölf Jahre Weimar. Hofkapellmeister.
Versuch einer bürgerlichen Existenz.
Zweiter Versuch einer festen Partnerschaft: Carolyne,
verehelichte Fürstin von Sayn-Wittgenstein. Anfeindungen
von allen Seiten.
Religion als Konstante: Jeden Morgen die heilige Messe.
Schüler, Bewunderer aus aller Welt.
Große Orchesterwerke. Entdeckt für sich die sinfonische
Dichtung, angeregt durch große Literatur: Dante und Tasso,
Shakespeare, Goethe, Hugo, Lamartine.
Musikalische Richtungskämpfe: Wo man vorher dem
Virtuosen zu Füßen lag, lehnt man jetzt den Komponisten
ab, auf dessen Schultern später Mahler, Strauß, Debussy
stehen werden.

Römisches Zwischenspiel.
Kirchenmusikalische Werke. Die Oratorien, wenig beachtet.
Mit Vierundfünfzig nimmt er die „Niederen Weihen",
trägt als Abbé die schwarze Soutane, führt
aber sein gewohntes Leben fort.

Siebzehn Jahre im Dreieck: Weimar-Rom-Budapest.
Direktor der Budapester Musikakademie. Wo der
in Ungarn Geborene hohe Verehrung genießt.

Alterskrisen. Erschöpfungszustände. Leiden, die
ihm suspekt sind. Kompensiert durch Alkohol,
ein paar letzte Erfolge und die Zuneigung junger Frauen.
Schwere Krankheit und Tod in Bayreuth.

Späte Rache der Tochter Cosima:
Listzs Begräbnis im Schatten des Wagnerkults.

STENOGRAMM

HOHER EINSATZ

Der Atlasfalter muß alles geben.
Er verzehrt seine ganze Kraft
in Liebesleidenschaft
und verglüht danach, wie ein Licht.

So intensiv möchte mancher leben.
Aber dann doch wieder nicht.

SCHEIDUNG

Wer war da unschuldig,
wer der Verräter?

Jeder war Opfer.
Jeder war Täter.

EINFACH

Sinnlos, in allem den Sinn zu ergründen.
Sinnvoll, einen für sich zu erfinden.

KORREKTIV

Ich sage dir ganz ehrlich:
Du bist mir unentbehrlich.
Etwas mit dir nicht zu besprechen,
würde sich bitter rächen.

Du bist ein Mann (ich eine Frau)
siehst Manches an mir sehr genau.
Ich bin dir nah, du bist mir fern,
ein altvertrauter fremder Stern.

So bleibt mein Leben in Balance.
Wie gut ist Nähe auf Distance!

SICHERE ANLAGE

Früh legt der Tod in dir ein Leiden an.
Du läßt es unbeachtet ruhn.
Du hast entsetzlich viel zu tun,
und außerdem bist du ein Mann!

Dann zieht er's - nach Jahrzehnten - aus der Kiste,
setzt noch eins drauf:

Weg biste!

KEIN AUFSTIEG

Tilla Durieux hatte Paul Cassirer,
Haydn den Fürsten Esterhazy.
Goethe hatte den Herzog von Weimar,
Richard Wagner Ludwig II.
Und wen habe ich?!

WERKZEUGKASTEN

Der Rhythmus

       Kuppler zwischen Leuten
und Vater der Geselligkeiten,
verlockt dich: traue mir, komm mit!
Wir beide halten gleichen Schritt!

Der Reim

Hier wurde die Materie bezwungen,
dem Chaos nochmal Ordnung abgerungen.
Hier paart im letzten Augenblick
(wie wunderbar, daß dies gelang!)
mit anderen sich das Einzelstück,
im glücklichen Zusammenklang.
Und was durch Herkunft säuberlich getrennt,
erlebt im Reim doch noch sein Happyend.

Der Vers

Er muß von Mund zu Munde wandern.
Denn er ist da, um aufgesagt zu werden.
Erst mir, dann dir und schließlich vielen Andern.

Um diese Touren durchzustehn,
muß er auf mehr als nur zwei Füßen gehn.

Die Strophen

Sie schaffen einander tieferen Sinn.
Sie streben gemeinsam zum Höhepunkt hin.

Sie werfen einander die Stichworte zu.
Oft, um sich nur lose zu binden:
Was ich nicht erzähle, erzählst eben du.
Das Weitere wird sich finden.

Doch kennt man auch solche, die halten auf Strenge,
Terzinen- und Sonettengepränge.
In ihnen entfaltet sich ein Gedanke.
Dem geben sie Raum und setzen sie Schranke.

Kommt eine mal epigrammatisch daher:
Sie dulden das Solo. Aber nicht mehr.

Prosa und Gedicht

Wo dort ein lang und breiter Text
sich in Erklärungsnot verrenkte,
trifft hier sekundenschnell ein Pfeil
ins Schwarze: die Poenkte.

NACHWORT

DAS UNBESIEGBARE WORT

Nach wie vor, ein- für allemal: Gedichte sind zum Vorlesen da. Seinen Freunden und Kindern, einem größeren Publikum oder auch nur sich selbst.

Gedichte sind Musik. Die muß man hören und nicht nur lesen. Gedichte murmelt man vor sich hin, bevor man sie niederschreibt oder auch: währenddessen. Weil ihr Thema das unsere ist. Doch auch des Rhythmus und Reimes wegen, der momentan zum Takt unserer Physis paßt oder aus ihm hervorgeht.

Benns Vermutung, das moderne Gedicht sei nicht zum Vortrag geeignet, weil sein optisches Bild vom traditionellen abweicht, weil man es sehen müsse, um es zu begreifen, geht meiner Ansicht nach in die Irre. Auch ungewöhnliche Textaufteilungen lassen sich vom Vorleser stimmlich und gestisch sehr gut vermitteln.

Der durch seine Streitschriften („Empört Euch!", „Engagiert Euch!") auch bei uns bekannt gewordene Stéphane Hessel, ein Mann der Politik wie der Poesie, hat mehrfach gestanden, daß der mitreißende Schwung von Versen Glücksgefühle in ihm auslöse. „Ich freue mich jedesmal, wenn ich einen Russen höre, der Puschkin aufsagt. Ich verstehe kein Wort. Aber es klingt!" Womit er natürlich nicht sagen will, daß man vom Gehalt eines Textes völlig absehen könne. Hessel hat übrigens auch ein sehr persönliches Buch über seine einschlägigen Erlebnisse geschrieben: „O ma mémoire - Gedichte, die mir unentbehrlich sind".

Ein eklatanter Fall von „Hör-Dominanz" liegt bei der sogenannten Wirkungspoesie vor, die in erster Linie mit dem sinnlich-akustischen Effekt arbeitet. Da kann sich eine klanglose Abkürzung wie usw. ganz ungezwungen, doch durchaus nicht witzlos, auf das Wort heiter reimen. Oder ein „ungebildeter Verschreiber", wie Heine ihn absichtsvoll in

Caputh IV des „Wintermärchens" einbaute, das Reimen selbst ad absurdum führen:

> Fehlt etwa einer im Triumvirat,
>
> so nehmt einen anderen Menschen,
>
> ersetzt den König des Morgenlands
>
> durch einen abendländschen.

„Romane liest man ein-, zweimal, Gedichte immer wieder", wurde ich neulich von einer Betroffenen belehrt, die selbst Romane schreibt. Erfolgreiche. „Gedichte geben den Stoff, das Problem gebündelt wieder. Oder einen kleineren stofflichen Ausschnitt tiefgründig."

Ihre gedrängte Kürze ist nicht sofort auszuloten und bietet uns, mit dem Fortschreiten eigener Lebenserfahrung, immer wieder neue Aussagen an, die uns beim ersten Lesen entgingen. Ein Zwanzigjähriger liest sie anders als ein Mann von Siebzig.

Rilke teilte in seinen Gedichten eigene Erfahrungen mit. Tucholsky wollte auch welche teilen. Der gewünschte Bezug auf die Anderen machte ihn zum sozialen Autor. In diesem letzteren Sinn ist Lyrik denn auch nicht nur „monologisch", sondern ein innerer Dialog mit dem Zuhörer.

Was die Verfasserin der vorliegenden Verse angeht, so gesteht sie freimütig: mit Vierunddreißig hätte sie viele davon noch nicht schreiben können oder sich nicht zu schreiben getraut. Dazu bedurfte es kostbarer Jahre, einer inneren Sicherheit, die im Lauf der Zeit erst erworben sein wollte.

Der Vielfalt gelebten Lebens entspricht die Vielfalt an Stimmungslagen und Wertungen, das differenzierte ästhetische Angebot, das die Gedichte machen: an Betroffenheit oder Ironie, Wohlbefinden oder Schmerz, Tragik und Komik. Auch wird dem zu erwartenden Publikum, das nicht anders als heterogen zu vermuten ist, von der Autorin mal mehr, mal weniger Denkarbeit angetragen. Mehr etwa mit der Parabelform (*Super Nova, Endstation Ararat*), weniger mit den Alltagsversen (*Ausgeglichen, Falsch gepolt*).

Eine Gedichtauswahl ist kein Theaterstück und auch keine Erzählung. Ihr Ablauf folgt keiner Chronologie. Jedes Stück steht für sich. Man sollte sie darum auch nicht - quasi atemlos - nacheinander weglesen, sondern nach eigenem Bedarf. Die Zwischenüberschriften sollen Hinweise auf Themen und Inhalte geben und das Wiederfinden erleichtern.

Eine besondere Gruppe der Auswahl sind die Prosagedichte: rhythmisierte Prosatexte die einen, mit Zeilen von unterschiedlicher Länge, je nach Sinngehalt (*Damals, Selbst, Wie es kam*).

Die anderen da und dort Binnenreime verwendend, die geeignet sind, Pointen in den Gesamtzusammenhang zu setzen, Mitteilungen hervorzuheben, Sachverhalte und Bemerkungen miteinander zu verklammern. Eine fürs biografische Genre vorteilhafte Methode.

Überdies hat der innerhalb eines längeren Textes „ausnahmsweise" benutzte Reim den Effekt, beim Leser (in Erwartung des passenden Reimwortes) Spannungen aufzubauen, ihn dadurch wach und bei der Sache zu halten, Textmüdigkeit zu vermeiden.

Schließlich erhebt sich die Frage, ob oder wo - in einer von den modernen Massenmedien dominierten Welt, auf den überschwemmten Märkten eines täglich wechselnden Angebots - Lyrik denn heute noch ihren Platz habe.

Anders als das Theaterstück oder erzählende Literatur bietet sie diesen Medien keine Stoffe und Vorgänge zur Verarbeitung an, die bei der Mehrheit der Zuschauer oft den falschen Eindruck erwecken, sie hätten das der Film-, Fernseh- oder Höradaption zugrunde liegende Werk auf diesem Wege mühelos kennengelernt. Wodurch sich angeblich das Lesen des Originals erübrige.

Sieht man von ihrem einzigen erzählenden Genre, der Ballade, ab, so erweist sich Lyrik als für die audiovisuellen Massenmedien kaum adaptierbar. Sie steht außerhalb der medialen Konkurrenz.

Beispielsweise wäre ein „verfilmtes" Gedicht ein Widerspruch in sich, da das Kamerabild immer das Produkt eines Dritten ist, der mit ihm unsrer Phantasie eine bestimmte Richtung vorgibt, während das poetische Wort für den Zuhörer nur Anregung bleibt, sich das Bild selbständig im eigenen Kopf zu schaffen. Das Gedicht ist nur selten storyhaft-anekdotisch angelegt. Doch eben Stories sind die Spielwiese der Massenmedien.

Im Gedicht spricht der Schreibende mit sich selbst. Oder - noch öfter - mit seinem fiktiven, gedanklich mit- und gegenredenden Zuhörer. Konzentration ist deshalb die wichtigste Tugend eines guten Gedichts. Konzentration - was den Text betrifft, was die gedachte Aufnahme durch das Publikum. Die ganze Atmosphäre seiner Realisierung – schreibend wie rezitierend – fordert Sammlung, Konzentration.

Eine Tugend, die heute, im Zeitalter allgemeiner Zerstreuung - um nicht „Zerstreutheit" zu sagen - gar nicht genug geübt werden kann. Beginnen wir also gleich mit dem unverzichtbaren Training.

Dieses Bändchen soll dabei helfen.

W., am 30.12.2012   Brigitte Thurm